La Brève Histoire de l'Holocauste

La montée de l'antisémitisme en Allemagne nazie, Auschwitz et le génocide d'Hitler sur le peuple juif alimenté par le fascisme

(1941-1945)

Avis de non-responsabilité

Copyright 2022 par Academy Archives - *Tous droits réservés*

Ce document vise à fournir des informations exactes et fiables sur le sujet et la question traités. La publication est vendue avec l'idée que l'éditeur n'est pas tenu de rendre des services comptables, officiellement autorisés, ou autrement qualifiés. Si des conseils sont nécessaires, d'ordre juridique ou professionnel, il convient de s'adresser à une personne exerçant la profession - à partir d'une déclaration de principes qui a été acceptée et approuvée à égalité par un comité de l'American Bar Association et un comité des éditeurs et des associations.

Il n'est en aucun cas légal de reproduire, dupliquer ou transmettre une partie de ce document, que ce soit par des moyens électroniques ou sous forme imprimée. L'enregistrement de cette publication est strictement interdit et tout stockage de ce document n'est pas autorisé, sauf autorisation écrite de l'éditeur. Tous droits réservés.

La présentation des informations est sans contrat ni assurance de garantie d'aucune sorte. Les marques commerciales utilisées le sont sans aucun consentement, et la publication de la marque est sans autorisation ni soutien du propriétaire de la marque. Toutes les marques et marques déposées figurant dans ce livre ne sont utilisées qu'à des fins de clarification et appartiennent à leurs propriétaires respectifs, qui ne sont pas affiliés à ce document. Nous n'encourageons pas l'abus de substances et nous ne pouvons être tenus responsables de la participation à des activités illégales.

Introduction

L'**Holocauste**, également appelé **Shoah**, **Shoa** ou **Shoah** (en hébreu : השואה *Ha-Shoah*), est la persécution et le génocide systématiques des Juifs par les nazis et leurs alliés avant et pendant la Seconde Guerre mondiale. Pendant la domination de l'Allemagne nazie, entre 5,1 et 6 millions de Juifs européens ont été assassinés. La plupart des meurtres ont eu lieu dans les camps de la mort, dans des chambres à gaz et lors d'exécutions de masse par les Einsatzgruppen.

Table de matières

Le terme Holocauste

Étymologie

Le mot *holocauste* signifie "sacrifice brûlé" et est dérivé du mot grec ancien ὁλόκαυστον (*holokauston*), qui signifie littéralement "complètement brûlé".

Dans l'Antiquité, il s'agissait de la désignation d'un holocauste offert à une divinité. Le mot *holocauste* existait également dans ce sens en moyen néerlandais au 14e siècle, mais il est ensuite tombé en désuétude.

Changement de sens et application

Selon l'*Oxford English Dictionary,* la première mention anglaise connue du mot *holocauste* dans le sens de meurtre de masse date de 1833, lorsque le journaliste écossais Leitch Ritchie, dans une description des guerres du roi médiéval français Louis VII, raconte que ce dernier "a une fois fait un holocauste de treize cents personnes dans une église", un meurtre de masse par le feu des habitants de Vitry-le-François en 1142. Au début du XXe siècle, avant la Seconde Guerre mondiale, Winston Churchill et d'autres écrivains contemporains l'ont utilisé pour faire référence au génocide arménien pendant la Première Guerre mondiale. Il y a une référence au génocide arménien dans le titre du poème "The Holocaust" (publié sous forme de brochure en 1922) et le livre *"The Smyrna Holocaust"* (1923) traite des incendies et des meurtres de masse d'Arméniens.

C'est en 1942 que le mot "holocauste" a été appliqué pour la première fois en anglais au génocide nazi, mais ce n'est que dans les années 1950 que les historiens ont introduit le terme historique "the Holocaust" (avec article défini et majuscule).

On estime généralement que c'est la série télévisée américaine *Holocaust* (du réalisateur juif américain Gerald Green), diffusée pour la première fois aux États-Unis du 16 au 19 avril 1978, puis dans de nombreux pays européens, qui a principalement contribué à populariser le terme dans ce sens dans la plupart des langues, y compris le néerlandais. Van Dales *Groot Woordenboek der Nederlandse Taal*, dixième édition (1976), ne cite sous Holocauste que le sens d'*holocauste*.

Autres termes

Comme alternative à Holocauste, le terme *Shoah* (שואה =
désastre, destruction totale) est utilisé notamment par les
Juifs. Ainsi, la commémoration annuelle est appelée Yom
Hashuna.

Les dirigeants du NSDAP utilisent eux-mêmes le terme
Endlösung der Judenfrage (*solution finale de la question
juive*), qui existe depuis le XIXe siècle, mais qui ne prendra
le sens d'"extermination des Juifs d'Europe" qu'au cours
de l'année 1941 et prendra une forme plus définitive avec
la conférence de Wannsee (20 janvier 1942).

Discussion sur le comptage des victimes non-juives

Outre les quelque 6 millions de Juifs, les nazis ont
également assassiné environ 5 millions d'autres
personnes. Les spécialistes sont divisés sur la question de
savoir si le terme "Holocauste" doit s'appliquer à toutes les
victimes des massacres nationaux-socialistes, certains
l'utilisant comme synonyme de Shoah ou de Endlösung
der Judenfrage, tandis que d'autres (veulent) inclure le
meurtre des Roms et des Sinti (Tziganes), des Polonais et
des autres Slaves, la mort des prisonniers de guerre
soviétiques, des homosexuels, des témoins de Jéhovah,

des handicapés, des handicapés mentaux et des
opposants politiques. Cela pose également la question de
savoir s'il faut considérer toute la période de 1933 à 1945
ou seulement la période de guerre après 1939 et surtout
1941.

- **Contre :** L'historien tchéco-israélien Yehuda Bauer
  affirme que l'Holocauste ne devrait concerner que
  les Juifs, car les nazis auraient eu l'intention
  d'exterminer complètement les Juifs et non les
  autres groupes.

  Le fait de compter les victimes non juives des nazis
  dans l'Holocauste est rejeté par plusieurs
  personnalités telles que le survivant juif de
  l'Holocauste Elie Wiesel et des organisations telles
  que Yad Vashem, une institution d'État israélienne
  à Jérusalem créée en 1953 pour commémorer les
  victimes de l'Holocauste.

  Selon eux, le mot désignait à l'origine
  l'extermination des Juifs et l'Holocauste juif était un
  crime d'une telle ampleur, d'une telle totalité et
  d'une telle spécificité et le point culminant d'une

longue histoire d'antisémitisme européen, qu'il ne devait pas être placé dans une catégorie générale avec les autres crimes des nazis.

- **Pour :** L'historien britannique Michael Burleigh et l'historien allemand Wolfgang Wippermann soutiennent que, bien que tous les Juifs aient été victimes, l'Holocauste a transcendé les frontières de la communauté juive - d'autres personnes ont partagé le destin tragique de la victimisation.

László Teleki, ancien ministre hongrois des affaires roms, applique le terme *"Holocauste"* à la fois au meurtre des Juifs et des Roms par les nazis et leurs alliés. Dans *The Columbia Guide to the Holocaust, les* historiens américains Donald Niewyk et Francis Nicosia utilisent ce terme pour désigner les Juifs, les Tziganes et les handicapés.

L'historien américain Dennis Reinhartz a affirmé que les Tsiganes ont été les principales victimes du génocide en Croatie et en Serbie pendant la Seconde Guerre mondiale, ce qui lui a valu d'être appelé "l'Holocauste des Balkans 1941-1945".

Nombre de victimes

Portée de la définition, enquêtes et estimations

Le nombre exact de victimes n'est pas connu ; diverses estimations sont faites sur la base des éléments disponibles. Le nombre total dépend principalement de la définition de "l'Holocauste" utilisée.

Selon Donald Niewyk et Francis Nicosia, le terme est généralement défini comme le meurtre de masse de plus de cinq millions de Juifs européens.

Toutefois, ils précisent également que "tout le monde ne trouve pas cette définition entièrement satisfaisante".

Selon l'historien britannique Martin Gilbert, le nombre total de victimes s'élève à un peu moins de six millions, soit environ 78 % des 7,3 millions de Juifs présents dans l'Europe occupée à l'époque.

Timothy D. Snyder a écrit que "le terme Holocauste est parfois utilisé de deux manières différentes : pour tous les programmes de tuerie allemands pendant la guerre ou pour toute forme d'oppression des Juifs par le régime nazi." Wichert ten Have et Maria van Haperen, de l'Institut NIOD pour les études sur la guerre, l'Holocauste et les génocides, ont soutenu que l'objectif de l'Holocauste était "d'assassiner les Juifs européens et de détruire le peuple juif en tant que tel", mais ont ajouté que "d'autres auteurs soutiennent que d'autres groupes persécutés, tels que les

Roms, devraient également être considérés comme des victimes de l'Holocauste".

Des définitions plus larges incluent également les deux à trois millions de prisonniers de guerre soviétiques qui sont morts à la suite des mauvais traitements infligés par les politiques racistes nazies, les deux millions de Polonais de souche non juifs tués par les conditions de l'occupation nazie, les 90 000 à 220 000 Roms, 270.000 handicapés mentaux et physiques dans le cadre du programme eugénique allemand, 80 000 à 200 000 francs-maçons, 20 000 à 25 000 Slovènes, 5 000 à 15 000 homosexuels, 2 500 à 5 000 témoins de Jéhovah et 7 000 républicains espagnols, ce qui porterait le nombre de morts à environ 11 millions.

La définition la plus large inclurait également six millions de citoyens soviétiques morts de faim et de maladies liées à la guerre, ce qui porterait le nombre de morts à 17 millions. Un projet de recherche mené de 2000 à 2013 par le United States Holocaust Memorial Museum a estimé que 15 à 20 millions de personnes à travers l'Europe sont mortes ou ont été confinées dans des camps ou dans d'autres conditions.

Il existe également des différences d'opinion sur la périodisation. Selon Microsoft Encarta, l'Holocauste s'est déroulé de la Machtergreifung, le 30 janvier 1933, au Jour V, le 8 mai 1945 (capitulation de l'Allemagne), et se divise en deux périodes : de janvier 1933 à septembre 1939 (exclusion sociale des Juifs) et de septembre 1939 à mai 1945 (anéantissement total des Juifs).

D'autres affirment que l'Holocauste n'a commencé qu'à l'automne 1941, lorsque les nazis ont effectivement procédé à l'assassinat massif des Juifs.

Les victimes juives

Selon les estimations les plus fiables, le nombre total de Juifs assassinés se situe entre 5,1 millions et un peu plus de 6 millions.

Victimes non juives du régime nazi

Outre les Juifs, d'autres groupes ont également été assassinés, de manière systématique ou non, tels que les homosexuels, les espérantistes, les Tziganes, les personnes "économiquement indignes", les Russes, les Polonais de souche, les handicapés, les Témoins de

Jéhovah, les Chercheurs de Bible libres, les syndicalistes, les francs-maçons, les communistes, les Républicains espagnols, les Serbes, les Quakers et les personnes qui s'opposaient aux nazis. Le nombre total de non-Juifs assassinés est estimé entre 5 et 11 millions de personnes.

Contexte

Toedracht

Les raisons exactes pour lesquelles les nazis et leurs alliés ont procédé à l'assassinat en masse de Juifs, d'homosexuels, de Tziganes et de personnes "économiquement indignes", comme les handicapés physiques et mentaux, et la façon dont la population civile s'en est largement accommodée, sont sujettes à débat.

C'est ce qu'a soutenu, entre autres, Daniel Goldhagen dans son livre *Hitler's willing executioners*. Ce qui est clair, c'est que l'antisémitisme féroce d'Adolf Hitler était le "moteur" qui a rendu le national-socialisme coupable de nettoyage ethnique ou de génocide.

Un génocide d'une telle ampleur n'a été possible que parce qu'un certain nombre de facteurs étaient en jeu simultanément dans certaines parties de l'Europe, notamment en Allemagne :

- La présence ou l'installation stable d'une dictature sans contrôle ni séparation disponible des différents pouvoirs de l'État.

- Un antisémitisme latent et parfois virulent,
  géographiquement répandu, fortement ancré dans
  la culture chrétienne de l'Europe.

La préparation de l'Holocauste

À la fin de la Première Guerre mondiale, l'économie de l'Empire allemand est épuisée et l'armée est au bord de l'effondrement. Finalement, les soldats et les ouvriers ont déclenché la révolution de novembre, déposant l'empereur et déclarant la République de Weimar. Le gouvernement provisoire social-démocrate conclut d'abord un armistice, puis le traité de Versailles avec les Alliés.

Des millions d'Allemands se sentent profondément humiliés d'avoir perdu la bataille. Pour détourner la responsabilité de la défaite, les dirigeants de l'armée allemande ont inventé la légende de Dolkstoot, selon laquelle l'armée allemande n'avait pas du tout perdu la guerre, mais avait été trahie par les marxistes.

Comme Karl Marx était juif, Hitler pensait que le marxisme était une conspiration juive et que l'humiliation de l'Allemagne était donc la faute des Juifs. Dans *Mein Kampf* (1924), il affirme que la guerre n'aurait pas été perdue si les Allemands avaient fait subir à "douze à quinze mille de ces mendiants hébreux quelques attaques aux gaz toxiques".

L'antisémitisme et l'antitsiganisme ont toujours fait partie du programme du parti NSDAP, dans lequel les idées d'Hitler jouent un rôle de plus en plus important. Cet antisémitisme est encore alimenté par l'hyperinflation d'après-guerre de 1919 à 23, en raison de l'idée que les Juifs sont souvent présents dans le monde de la banque et des affaires.

Non seulement Hitler, mais aussi de nombreux dirigeants de son parti étaient antisémites. Julius Streicher était en tête de liste avec son journal de parti radical *Der Stürmer* : ses idées étaient parfois un peu trop fortes, même pour les nazis. Les nazis considéraient les Juifs comme des "bacilles" qui "rendaient malade" et "minaient" la nation allemande.

Lorsqu'Adolf Hitler arrive au pouvoir en 1933, il existe certainement un antisémitisme latent dans le pays, qui est exploité par le NSDAP et les SA. Pourtant, il ne s'agit certainement pas du même antisémitisme que celui du NSDAP. L'antisémitisme en Allemagne était plutôt de nature économique et n'allait certainement pas jusqu'à vouloir exterminer ou supprimer les Juifs. De nombreux Juifs se sont intégrés à la société allemande et ne sont donc plus considérés comme des Juifs.

L'antisémitisme du NSDAP était principalement influencé par l'antisémitisme en Autriche et dans les Sudètes, qui était beaucoup plus radical. Hitler lui-même avait vécu pendant des années à Vienne, où les germanophones se sentaient menacés par la présence croissante de non-germanophones et de Juifs.

C'est là qu'apparaissent des groupes qui affirment qu'il existe une "race juive" inférieure à la "race germanique" et qui "sapent" cette race et sa pureté. Il s'agit de l'antisémitisme promu par le NSDAP, qui préconisait déjà des solutions plus radicales au XIXe siècle.

Les lois raciales de Nuremberg

La route vers l'Holocauste/Shoa a commencé par le harcèlement d'éléments radicaux par le gouvernement et le parti. Ce harcèlement comprenait des réprimandes, des moqueries, des agressions et parfois des meurtres. Lorsque les choses sont devenues trop excessives, une "intervention" a été faite en haut lieu, après quoi le gouvernement a "apaisé" les radicaux avec des mesures antisémites pour "prévenir toute nouvelle violence". Cela a finalement abouti aux "lois de Nuremberg" de 1935.

Il s'agissait d'un ensemble de mesures discriminatoires ainsi que de règlements déterminant qui était et n'était pas un Allemand ou un Juif. Ces nouvelles lois privent les Juifs de leurs droits civils et interdisent les mariages entre Juifs et non-Juifs. Dans les années 30, le parti nazi était très populaire et l'antisémitisme était "pris pour argent comptant", même par ceux qui n'étaient pas antisémites.

En outre, on supposait que l'idéologie s'affaiblirait avec le temps, maintenant que le NSDAP était au pouvoir, ce qui semblait effectivement se produire pendant les Jeux olympiques de 1936. Cependant, le NSDAP avait délibérément interrompu le harcèlement pour sauver les apparences pendant les Jeux. Après 1936, les mesures et le harcèlement se poursuivent à nouveau.

Le 10 novembre 1938, la Reichskristallnacht, ou Nuit de cristal en abrégé, a lieu après l'assassinat de Vom Rath. Des milliers d'hommes en civil des SA font des descentes dans les maisons et les magasins juifs, mettent le feu aux synagogues et frappent les Juifs.

Cela a conduit à la mise à l'écart des Juifs de l'économie et à l'imposition d'une amende d'un milliard de marks à la communauté juive, puisque, selon le gouvernement, les Juifs étaient les instigateurs. Les critiques étrangères ont été parées en disant qu'il s'agissait d'une manifestation de la saine opinion populaire, "Gesundes Volksempfinden".

La "solution"

Dans les années 1930 et au début des années 1940, les nazis ont procédé à de vastes consultations et utilisé diverses stratégies pour trouver et réaliser une "solution à la question juive".

Elles se répartissent grossièrement entre assimilation, émigration, déportation et extermination. Comme les trois autres, l'extermination a été envisagée, mais longtemps considérée comme indésirable ou irréalisable. Ce n'est que lorsque les autres plans ont échoué que cette solution est devenue la *solution finale (Endlösung)* en 1941.

Migration

Dans les années 1938-1941, une solution a été élaborée, selon laquelle les Juifs seraient envoyés dans une certaine région. Une option était la Palestine britannique, une autre était Madagascar. En particulier après la victoire sur la France, de nombreux nazis adhèrent au plan Madagascar, mais cela n'est pas réalisable tant que la guerre dure. La marine britannique contrôle la mer et les Allemands n'osent pas exercer une trop grande pression sur les Français pour qu'ils abandonnent leur colonie.

L'occupation finale de l'île par les troupes alliées a fait en sorte que ce plan disparaisse définitivement de l'agenda. Un pas supplémentaire vers le génocide est l'idée d'utiliser les Juifs comme otages pour maintenir les États-Unis hors de la guerre.

L'attaque contre l'Union soviétique a ouvert de nouvelles possibilités pour les philosophes nazis. Ils pourraient maintenant envoyer tous les Juifs de la Grande Allemagne et de ses satellites en Sibérie, où ils seraient "incinérés".

Après tout, s'ils avaient la vie "trop facile", les Juifs pourraient constituer une menace dans un nouvel État juif.

Par conséquent, selon les nazis, il valait mieux qu'ils meurent. Les premiers camps pour Juifs apparaissent à l'est, mais après la défaite de Moscou, il apparaît que l'option de la déportation des Juifs vers le territoire soviétique n'est pas envisageable pour le moment.

Le Ha'avara-Abkommen (Ha'avara signifie transfert en hébreu ; Abkommen signifie accord en allemand) est un accord conclu le 25 août 1933, après trois mois de négociations, entre l'Agence juive, la Vereinigung für Deutschland sioniste et le ministère allemand des affaires
24

économiques. Cet accord établit comment les Allemands juifs qui souhaitent émigrer en Palestine peuvent emporter une partie de leurs biens avec eux.

Ghettos

Pendant ce temps, dans la Pologne occupée, les gouvernorats de l'Est, comme la Wartheland et Danzig-Prusse occidentale, commencent à rendre leurs gouvernorats "Judenrein" (exempts de Juifs) en déportant les Juifs vers le General-Gouvernment (l'État croupion polonais initié par les Allemands). Les nouveaux gouwen étaient considérés comme une occasion de créer une société nazie idéale.

Cela inclut naturellement le "retrait" des "éléments indésirables", dont les Juifs. Une certaine compétition s'est développée entre les chefs de guilde pour savoir qui avait la guilde la plus nazifiée.

Cette situation a donné naissance à des ghettos dans les grandes villes de Pologne : des lotissements surpeuplés et délimités où les Juifs devaient vivre dans les conditions les plus insalubres.

Meurtre

L'extermination est de plus en plus considérée comme la meilleure option ; en outre, la déportation et l'emprisonnement des Juifs coûtent de l'argent et de la nourriture. Différents moyens ont été envisagés. Tirer à mort "coûte trop de balles", et de plus, c'est "mentalement trop stressant" pour les bourreaux. L'utilisation d'explosifs a également été envisagée, mais cela conduisait à la dispersion de parties du corps ici et là, ce qui pouvait également entraîner des maladies nerveuses parmi le personnel du camp. Le gazage était considéré comme une solution.

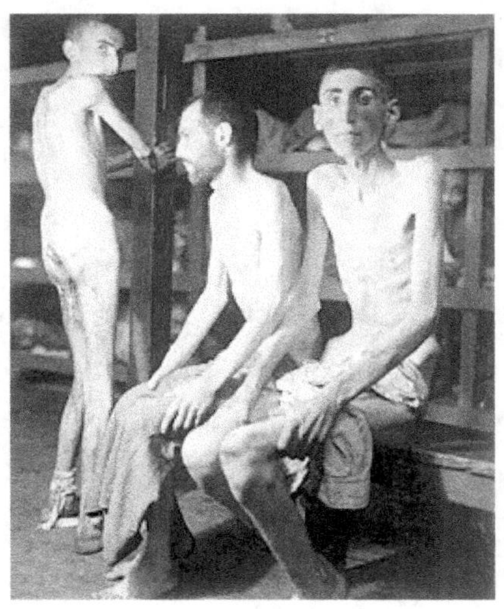

Au départ, cela se faisait encore avec du monoxyde de carbone. Des *fourgons à gaz* spéciaux ont été utilisés. On a dit aux Juifs qu'ils étaient "transportés" par camion, puis des gaz d'échappement ont été introduits dans l'espace de chargement. La camionnette s'est ensuite dirigée vers un cimetière de masse.

Un premier essai de l'insecticide Zyklon B a été réalisé à Auschwitz à la fin du mois d'août ou au début du mois de septembre 1941. Dans un sous-sol du bloc 11, des prisonniers de guerre russes ont été regroupés et exposés au Zyklon B.

Son efficacité a été vérifiée le jour suivant, ce qui a montré qu'une grande partie des prisonniers étaient encore en vie. Ils ont ensuite augmenté la dose. Les SS demandaient aux prisonniers de se débarrasser des corps et de les brûler dans le crématorium.

Après cette première expérience, un deuxième gazage au Zyklon B a été effectué sur un transport de prisonniers de guerre russes. Le Zyklon B était déjà utilisé pour la désaération, mais son extrême toxicité a donné au commandant par intérim d'Auschwitz, Karl Fritzsch, l'idée de l'utiliser pour gazer les prisonniers.

Endlösung

Hitler a pris la décision de détruire les Juifs d'Europe (la "*Endlösung der Judenfrage*", ou *solution finale du problème juif*) selon toute vraisemblance en septembre 1941. Lors de la conférence de Wannsee, qui s'est tenue dans une villa du lac de Wannsee, près de Berlin, en janvier 1942, la mise en œuvre logistique de la décision a été discutée. Adolf Eichmann, l'une des personnes les plus célèbres de l'Holocauste, était l'un des participants.

Dès lors, on peut parler d'un génocide planifié et systématiquement mis en œuvre, dans la mesure où il n'était pas déjà en cours.

D'ailleurs, un génocide systématique était déjà en cours auparavant : l'action des tristement célèbres *Einsatzgruppen, qui,* immédiatement derrière la Wehrmacht avançant sur le front de l'Est, ont rassemblé tous les Juifs et les communistes et les ont assassinés dans des exécutions de masse. Organisée sur ordre de Berlin, elle a commencé dès juillet 1941, lorsque Hitler a envahi l'Union soviétique.

Camps d'extermination, de concentration et de transit

Camps d'extermination

Des camps d'extermination sont mis en place pour la *solution finale*. Ces camps étaient destinés à la mise à mort délibérée et systématique. Un camp d'extermination est un camp où la plupart des prisonniers étaient gazés dès leur arrivée. Ce sort frappait de toute façon les malades, les personnes âgées et les enfants. Les prisonniers qui étaient maintenus en vie se voyaient confier plusieurs tâches dans le but de faire fonctionner le camp.

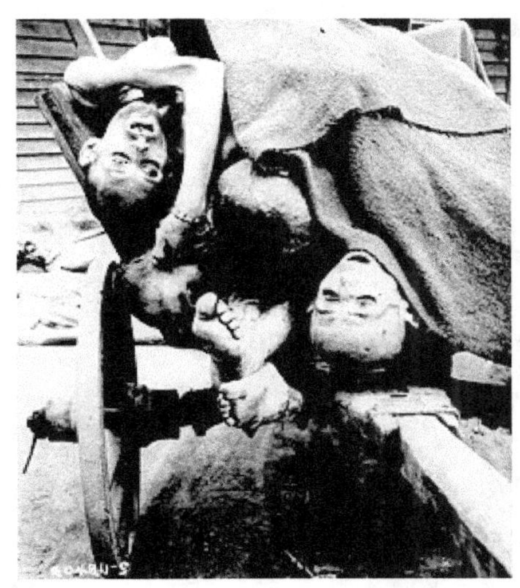

Ces emplois allaient des travaux forcés au service dans les cuisines, par exemple. Finalement, ces prisonniers seront eux aussi gazés.

Ces camps étaient situés dans le Reich oriental (dans l'actuelle Pologne) et ont donc également été libérés par l'Armée rouge. 7 camps au total ont reçu la fonction de camps d'extermination, dont 6 en Pologne et 1 en Biélorussie. Ces sept camps étaient :

- Chełmno
- Bełżec

- Treblinka II
- Sobibór
- Maly Trostenets
- Majdanek, également camp de concentration
- Auschwitz II (Auschwitz-Birkenau)

Les camps de concentration

Outre les camps d'extermination, les nazis disposaient d'un grand nombre de camps de concentration, tels que Dachau (près de Munich) et Buchenwald (près de

Weimar). Un camp de concentration n'est pas la même chose qu'un camp d'extermination.

Comme son nom l'indique, un camp de concentration est un camp de travail où étaient concentrés des prisonniers. La plupart des décès y sont dus au dur labeur, à la malnutrition, aux maladies et aux mauvais traitements. Ces camps de travail peuvent être comparés, par exemple, aux "goulags" de la Sibérie soviétique. Dans les années 1940, de nombreux camps de concentration étaient également équipés de chambres à gaz, après quoi les prisonniers y étaient également gazés.

Camps de transit

Outre les camps de concentration et d'extermination, il existait également des camps dits de transit. Il s'agissait de camps mis en place pour rassembler des personnes et les transporter ensuite, selon un calendrier hebdomadaire, dans des trains spéciaux vers les camps d'extermination. Westerbork est un exemple de camp de transit aux Pays-Bas.

En Belgique, l'ancienne Kazerne Dossin existante à Malines a été utilisée à cette fin. Environ 65 000 Juifs ont été détenus dans le camp français de Drancy, au nord de Paris, pendant la Seconde Guerre mondiale, avant d'être transportés vers le camp d'extermination d'Auschwitz. Theresienstadt était également un camp de transit .

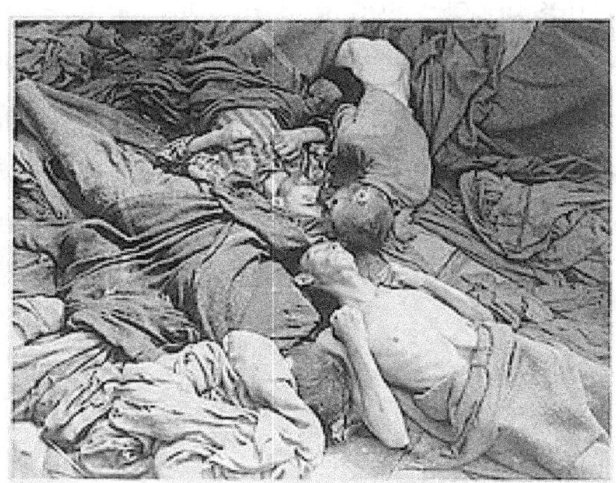

Marches de la mort

Lors de l'avancée des troupes soviétiques, les derniers camps restants, principalement en Pologne et en République tchèque, ont été fermés à partir de la fin 1944. Au cours de ce processus, les nazis ont souvent décidé de

35

ne pas laisser les prisonniers derrière eux, mais de les forcer à marcher vers l'ouest.

Ceux qui étaient trop faibles, trop vieux ou trop jeunes étaient simplement exécutés. Ces marches dites de la mort ont une fois de plus fait d'innombrables victimes. On estime que le nombre de morts s'élève à plus de 250 000.

Attitude à l'égard de la persécution des Juifs

La persécution des Juifs et d'autres groupes a fait l'objet de réactions différentes dans l'Allemagne nazie et dans les territoires européens occupés par les puissances de l'Axe, en fonction d'un certain nombre de facteurs. Dans certaines régions, en particulier là où une administration civile a été formée et où des SS motivés par l'idéologie ont gouverné, la persécution a été menée avec plus de vigueur que dans les régions où régnait un régime militaire, où elle était moins prioritaire et où la résistance avait plus de sens.

Les Juifs ont également plus de chances de survivre dans les pays où de nombreux non-Juifs tentent également de se cacher, par exemple pour éviter d'être enrôlés dans les *Einsatzgruppen*, ce qui facilite l'utilisation d'un réseau déjà existant. Lorsque les nazis rencontrent une résistance active ou passive, la persécution des Juifs peut parfois être partiellement sabotée. Cependant, là où la population a coopéré plus activement, un plus grand pourcentage de Juifs a été exterminé.

La résistance juive

Les Juifs eux-mêmes se sont révoltés à plusieurs reprises. En 1943, le ghetto de Varsovie se révolte. À Auschwitz, en octobre 1944, des prisonniers juifs ont fait sauter un crématorium avec des explosifs introduits en contrebande. En octobre 1943, un soulèvement a eu lieu avec succès à Sobibór : 11 officiers SS allemands, dont le sous-commandant, ont été tués et environ 300 des 600 prisonniers se sont échappés. Une soixantaine d'entre eux ont survécu à la guerre. L'évasion a incité les nazis à fermer le camp, probablement par crainte d'une divulgation. Aux Pays-Bas, un certain nombre de Juifs politiquement orientés à gauche (socialistes et communistes) font partie de la résistance. Ils ont également souvent refusé de porter l'étoile de David, qui était détestée.

Le 19 avril 1943, le même jour que la révolte du ghetto de Varsovie, le 20e convoi ferroviaire est attaqué en Belgique par trois jeunes résistants. Ce transport de Juifs était parti de Malines à destination d'Auschwitz. Armés d'un revolver, d'une lampe tempête et de papier rouge, trois étudiants (Georges Livschitz, Robert Maistriau et Jean Franklemon) de l'athénée d'Uccle ont forcé l'arrêt du train sur la ligne ferroviaire Malines-Louvain entre Boortmeerbeek et Haacht. C'est un fait unique dans l'histoire de l'Holocauste. Nulle part en Europe une opération de libération n'a été menée sur un transport de Juifs pendant la Seconde Guerre mondiale.

Lorsque des tentatives de persécution ont été faites contre la petite communauté juive du Danemark, celle-ci a été protégée et finalement transportée en Suède. La Finlande, alliée de l'Allemagne pour des raisons opportunistes, refuse de persécuter ou d'extrader les Juifs. Le Japon protège les quelques Juifs qui se trouvent dans les territoires japonais ou occupés. Lorsque les Allemands ont voulu que les Juifs bulgares portent des étoiles, toute la population s'est mise à les porter fièrement. Les tentatives ultérieures des Allemands et des antisémites bulgares ont également été bloquées.

Quelques personnes connues qui se sont activement opposées à l'Holocauste :

- Hans Calmeyer
- Giorgio Perlasca

- Witold Pilecki
- Oskar Schindler
- Chiune Sugihara
- Raoul Wallenberg

Il y a eu et il y a encore beaucoup de spéculations sur les motivations de ceux qui ont résisté activement ou passivement. La sympathie sincère pour les autres Juifs et l'indignation face à leur traitement auront joué un rôle plus ou moins important dans la plupart des cas. D'autres ont essayé de garder leur propre allée propre et ne voulaient pas être jugés comme criminels de guerre après la guerre. D'autres encore ont profité de la situation et se sont enrichis sur les réfugiés.

Pays-Bas

Plus de cent mille Juifs néerlandais, soit environ 75 % des Juifs vivant aux Pays-Bas au début de l'occupation, n'ont pas survécu à la guerre. Ce pourcentage était beaucoup plus élevé qu'en Belgique (40%) et en France (25%), par exemple.

Dans le débat social, on suppose souvent que cela est principalement dû à l'indifférence des citoyens néerlandais au sort de leurs compatriotes juifs, mais une étude historiographique de Pim Griffioen et Ron Zeller, *Persécution des Juifs aux Pays-Bas, en France et en Belgique, 1940-1945* (Amsterdam : Boom, 2011) a montré qu'il s'agit d'un malentendu.

En fait, c'est une combinaison complexe de facteurs qui a rendu ce taux si élevé aux Pays-Bas. Un facteur important est que pendant les années de guerre, les Pays-Bas avaient une *Zivilverwaltung* (administration civile) et non une *Militärverwaltung* (administration militaire) comme en Belgique et en France. En conséquence, l'administration civile a été formée par des SS animés par l'idéologie qui voulaient aller de l'avant avec l'extermination totale des

Juifs. Même si la protestation publique est plus importante aux Pays-Bas, notamment la grève de février, elle est également réprimée beaucoup plus durement par les forces d'occupation.

Les fonctionnaires néerlandais ont également mis les registres de la population à la disposition des forces d'occupation. Les responsables de l'état civil exacts les ont même répertoriés comme "émigrés". Avant l'analyse des registres de la population par les nazis, le ministère néerlandais de l'intérieur de l'époque a mené une enquête approfondie sur l'origine historique des noms de famille néerlandais.

Les noms de famille des Juifs néerlandais ont été inclus et expliqués dans une section séparée. Un résumé de ces recherches a été publié sous forme de livre par le fonctionnaire chargé de l'enquête, même pendant l'occupation. Le livre lui-même ne donne pas d'indication claire sur la raison de l'enquête.

Cinq mille Roms des Pays-Bas sont morts des effets de la persécution des gitans.

Belgique

Environ vingt-cinq mille Juifs belges ont été victimes, soit environ 40 % de tous les Juifs du pays. La plupart des Juifs n'ont quitté que récemment l'Europe de l'Est pour s'installer en Belgique, en raison de la montée de l'antisémitisme dans cette région ; ils se méfient davantage du gouvernement qu'aux Pays-Bas.

Contrairement aux Pays-Bas, la persécution des Juifs ne suscite pas un tel tollé, mais il existe un vaste réseau de clandestins bien plus tôt, car la Belgique doit fournir des troupes pour l'*Arbeitseinsatz* (travail forcé en Allemagne) dès 1941, auquel les non-Juifs tentent également d'échapper.

Ce nombre relativement faible est également dû en partie au fait que la Belgique disposait d'une *Militärverwaltung* (administration militaire) pendant l'occupation allemande, qui souhaitait avant tout maintenir l'ordre et la paix et considérait la persécution des Juifs comme moins importante. Les protestations, certes moins fortes, ont donc eu plus d'effet qu'aux Pays-Bas. Ce n'est qu'en 1944 que l'administration est transformée en *Zivilverwaltung (administration civile)*. Le camp de transit, la caserne Dossin où les Juifs étaient rassemblés avant d'être transportés vers les camps d'extermination en Pologne, était situé à Malines, à mi-chemin entre Anvers et Bruxelles, où vivaient la plupart des Juifs.

Luxembourg

Le Luxembourg est initialement sous occupation militaire, mais celle-ci est remplacée en août 1940 par une administration civile dirigée par Gustav Simon, une situation similaire à celle des Pays-Bas. La raison est idéologique : les nazis considèrent le Luxembourg comme un territoire ethniquement allemand qui doit être annexé à l'Allemagne.

Sur les 3 800 Juifs résidant au Luxembourg en 1940, 2 000 ont fui immédiatement après l'invasion, laissant 1 800 Juifs le 10 mai 1940. Ils ont été soumis à des interdictions professionnelles et à toutes sortes d'autres mesures anti-juives.

Au cours de la première année d'occupation, 619 Juifs ont été expulsés du pays par la Gestapo et déportés en Espagne, mais comme ce pays ne les acceptait pas non plus, ils ont été traînés d'un endroit à l'autre. Ce qui leur est arrivé n'est pas clair, mais il y a de fortes chances que certains d'entre eux soient encore morts à cause des mauvaises conditions.

À partir d'octobre 1941, la politique antisémite de Simon commence à devenir plus violente avec la destruction de synagogues et des déportations. 683 autres Juifs ont été déportés, dont 43 seulement sont finalement revenus. Le 17 juin 1943, Simon déclare que le Luxembourg est "judenrein".

On estime à 1 200 le nombre de Luxembourgeois juifs qui n'ont pas survécu à la guerre.

France

En France, environ 25 % de tous les Juifs ont été déportés. L'antisémitisme est plus fort en France qu'aux Pays-Bas ; les protestations publiques contre les persécutions sont donc moins nombreuses et le régime de Vichy, qui conserve les pouvoirs civils dans toute la France, prend de sa propre initiative toutes sortes de mesures anti-juives. Toutefois, comme en Belgique, les Allemands de la France occupée disposent d'une administration militaire qui ne donne pas la priorité à la persécution des Juifs, tandis que le sud-est reste militairement inoccupé. Le régime de Vichy a également résisté lorsque les nazis ont voulu déporter les Juifs français autochtones en mars 1943.

Les occupants militaires ont cédé à cette demande et, par conséquent, aucun train de l'Holocauste n'a circulé de France vers l'Est pendant des mois. Les Juifs immigrés, en revanche, ont été livrés aux Allemands. Après l'occupation de la partie jusque-là inoccupée de la France en novembre 1942 (opération Anton), un grand nombre de Juifs se réfugient dans la zone d'occupation italienne, qui devient toutefois également dangereuse lorsque les Allemands la reprennent en septembre 1943. Par la suite, les Juifs français et immigrés en France ont été exposés à la persécution jusqu'à ce que l'autorité allemande sur la France s'effondre à l'été 1944.

Roumanie

En Roumanie, la Garde de fer, radicalement antisémite, a formé un gouvernement avec l'armée en 1940. Ce régime se caractérise par des violences, parfois mortelles, à l'encontre des Juifs. Les troubles sont si graves que le chef de l'armée, le maréchal Ion Antonescu, expulse la Garde du gouvernement en 1941. La Roumanie s'allie à l'Allemagne, mais la situation semble s'améliorer pour les Juifs roumains, et les mesures antisémites ne sont introduites que très sporadiquement en Valachie. Toutefois, cette modération était apparente.

Antonescu voulait effectivement éliminer les Juifs de la société roumaine, mais s'opposait aux pillages violents de la Garde de fer qui perturbaient le pays. À cette fin, il a collaboré avec Adolf Eichmann, entre autres. Bien qu'Antonescu ait parfois arrêté les transports allemands, il a également permis que des centaines de milliers d'autres Juifs soient envoyés dans des camps de concentration.

En outre, surtout dans la Moldavie appauvrie, la population a coopéré avec enthousiasme à la persécution des Juifs.

Hongrie

L'Holocauste en Hongrie s'est déroulé en quatre phases : discrimination légère (1920-1938), discrimination lourde (1938-1941), violence et travail forcé (1941-1944), extermination active (1944-1945). La Hongrie s'est considérablement réduite après la première guerre mondiale, laissant la plupart des populations "ethniques" non hongroises en dehors de ses frontières. Cela fait des Juifs à l'intérieur des nouvelles frontières la plus grande minorité, avec 5 % de la population en 1920.

Ils formaient une minorité très prospère sur le plan économique : 60 % de tous les médecins, 51 % de tous les avocats, 39 % de tous les ingénieurs et chimistes hors service public, 34 % de tous les éditeurs et journalistes et 29 % de tous les artistes s'identifiaient au judaïsme en termes de religion. Cette situation suscite la jalousie du reste de la population, et le régent du Reich Horthy se déclare ouvertement antisémite et les rend responsables des divisions territoriales de la Hongrie après la Première Guerre mondiale.

Un autre facteur est que des personnalités de premier plan
de la République Raden hongroise, comme Bela Kun,
étaient d'origine (partiellement) juive.

Des mesures antisémites avaient déjà été introduites dans
les années 1920, notamment un numerus clausus pour les
Juifs dans les cours universitaires : désormais, seuls 5 %
de tous les étudiants étaient autorisés à être juifs,
conformément au pourcentage de leur population.

Dans les années 1930, Horthy est confronté à une
opposition de plus en plus antisémite de la part des Croix
fléchées et des petits partis nazis. Pour couper l'herbe
sous le pied de ces groupes, Horthy commence à mener
des politiques anti-juives plus répressives. Une législation
anti-juive basée sur les lois raciales de Nuremberg a suivi
en 1938. La première loi anti-juive (1938) établit des
pourcentages maximums pour les Juifs dans certains
groupes professionnels. La deuxième loi anti-juive (1939)
a déterminé que les personnes ayant 2 grands-parents
juifs ou plus étaient considérées comme juives, a resserré
les pourcentages maximums, les a exclues totalement du
journalisme et du gouvernement, et leur a refusé leur droit
de vote (déjà sévèrement limité). La troisième loi anti-juive

51

de 1941 interdit les mariages et les contacts sexuels des Juifs avec des non-Juifs.

Lorsque la Hongrie participe activement à la guerre en 1941, des actes de violence manifestes sont commis dans les territoires occupés. Outre d'autres minorités ethniques, les Juifs en particulier en ont été régulièrement victimes. Les Juifs hongrois ont été contraints de travailler à la construction et à la réparation d'infrastructures, tant en Hongrie même qu'en Union soviétique. Quelque 42 000 Juifs n'y ont pas survécu en raison des mauvaises conditions de vie et des meurtres délibérés commis par leurs gardes hongrois.

Lorsque Horthy tente de se rendre aux Alliés en 1944, le pays est occupé par les Allemands, qui le forcent à participer à la déportation des Juifs hongrois.

Celles-ci ont commencé en mars 1944 et 400 000 Juifs ont été déportés vers les camps de la mort entre le 15 mai et le 30 juin 1944 seulement. Horthy est finalement contraint de nommer Ferenc Szálasi, le chef du mouvement fasciste des Croix fléchées, au poste de Premier ministre, après quoi il est contraint de démissionner et est emprisonné.

Szálasi, alors que les troupes soviétiques envahissent l'est du pays et assiègent Budapest, en collaboration avec Adolf Eichmann, envoie quelque 80 000 Juifs supplémentaires dans les camps de la mort au cours de ces derniers mois de la guerre, où ils meurent presque tous. En outre, 15 000 Juifs ainsi que des communistes et d'autres opposants ont été assassinés directement sur place par les Croix fléchées.

En fin de compte, selon diverses estimations, entre 80 000 et 255 000 des 861 000 Juifs de Hongrie et des territoires occupés de service survivront à la guerre. Cela a donné à la Hongrie l'un des taux de survie les plus bas d'Europe.

États baltes

Dans les États baltes, la population s'est vengée du soutien apporté par de nombreux Juifs aux occupants russes, et donc communistes.

En outre, tant en Roumanie que dans les États baltes, les gens étaient conscients du grand nombre de membres juifs des partis communistes.

Union soviétique

Bien que l'antisémitisme soit répandu en Union soviétique, les Juifs ne sont pas légalement discriminés, car cela ne correspond pas à l'idéal bolchevique d'égalité. On estime qu'environ 4 millions de Juifs vivent dans les régions occidentales de l'Union soviétique qui seront finalement occupées par l'Allemagne et ses alliés de service, l'ancienne région polonaise.

Environ 3 millions de Juifs ont pu fuir à temps vers l'est. Le million restant a été exposé aux massacres orchestrés par les "Einsatzgruppen". Une partie de la population était favorable aux occupants allemands et soutenait ces actions ou y participait activement. D'un autre côté, il y en avait aussi beaucoup qui aidaient les Juifs.

Certains juifs sont victimes de massacres tels que ceux de Babi Yar, tandis que d'autres sont envoyés dans les camps de la mort. De nombreux Juifs ont rejoint les partisans et ont saboté les activités de guerre et d'occupation allemandes ainsi que les mesures prises contre leurs compatriotes juifs. Les estimations du nombre de Juifs tués en Union soviétique restent floues et varient considérablement ; on estime qu'au moins 700 000 Juifs soviétiques ont perdu la vie.

Danemark

Au Danemark, la résistance à la déportation des Juifs est la plus forte. Après avoir appris, en septembre 1943, que la déportation de la population juive du Danemark était en préparation, une opération de sauvetage à grande échelle s'est spontanément mise en place, à laquelle toutes les couches de la population ont participé. Une énorme alerte a été donnée par les synagogues, les médecins, les pasteurs et les étudiants qui ont à nouveau informé les Juifs.

Les Juifs ont été rassemblés et transportés vers les côtes danoises avec tout ce qui avait des roues. Les Juifs sont alors emmenés par des pêcheurs dans des bateaux à travers le détroit vers la Suède neutre, avec laquelle les Danois avaient déjà accepté d'accueillir des Juifs danois. Avant la guerre, la communauté juive danoise comptait 8 200 personnes, dont plus de 95 % ont survécu aux nazis. Après la guerre, les Juifs danois sont retournés dans leur pays et ont retrouvé leurs maisons et leurs biens exactement comme ils les avaient laissés.

Croatie

En Croatie, les Juifs ont été très violemment persécutés par le régime radicalement antisémite de l'ustaša. Toutefois, beaucoup ont pu s'échapper au cours des deux premiers mois d'occupation, car les Croates se sont d'abord attachés à exterminer et à assimiler les Serbes, dont plus d'un demi-million ont disparu.

De nombreux Juifs fuient vers les territoires occupés par l'Italie, les autorités italiennes n'appliquant pas ou peu les mesures antisémites de Mussolini. Les Juifs qui sont restés, cependant, sont devenus la proie de la violence croate, après quoi ils ont été envoyés dans des camps à l'efficacité allemande. Lorsque l'Italie capitule en 1943, la Croatie occupe toujours ces régions et les Juifs qui n'ont pas pu fuir à temps sont toujours déportés.

Italie

En Italie, la plupart des commandants de l'armée et des fonctionnaires de police refusent de poursuivre les Juifs. La plupart des pertes se sont produites après la capitulation italienne le 8 septembre 1943. Sur les quelque soixante mille Juifs italiens d'avant la guerre, près de huit mille ont perdu la vie, la plupart dans le camp de concentration d'Auschwitz.

Albanie

L'Albanie est le seul pays où il y avait plus de Juifs après la Seconde Guerre mondiale qu'avant. Le pays forme une union personnelle avec l'Italie, qui, tout en pratiquant une discrimination à l'encontre des Juifs, n'est pas très enthousiaste dans sa persécution. Le gouvernement albanais a refusé de remettre les noms de la population juive aux occupants allemands, et les réfugiés juifs d'Autriche et des pays des Balkans ont été accueillis avec hospitalité.

Bulgarie

La Bulgarie était alliée à l'Allemagne pour des raisons opportunistes, et il y avait certainement un terreau antisémite là aussi. Dans un premier temps, les Bulgares ne se sont pas montrés réticents à l'égard des Allemands. La politique antisémite a commencé par des raids dans les territoires occupés, au cours desquels quelques milliers de personnes ont été envoyées dans des camps de concentration. Dans la "vieille Bulgarie", les antisémites et les Allemands ont essayé de faire porter aux Juifs l'étoile de David, comme dans le reste de l'Europe.

Cela a échoué parce que toute la population a commencé à porter cette fierté. Une tentative de déportation de plusieurs centaines de Juifs bulgares vers les camps d'extermination échoue près de la ville portuaire bulgare de Samovit : la population bulgare manifeste en masse et le transport est annulé. Enfin, à partir de 1943, le roi bloque personnellement les tentatives de déportation des Juifs, en partie parce qu'il reconnaît que l'Axe va perdre la guerre.

Japon

Plusieurs milliers de Juifs vivaient au Japon et dans les territoires occupés par le Japon. La Chine possédait déjà une petite communauté juive, à laquelle se sont ajoutés des commerçants et des réfugiés russes-juifs basés en Mandchourie. Bien que le Japon soit un allié de l'Allemagne, il suit son propre agenda en Asie, dans lequel l'antisémitisme n'a pas sa place. En effet, de nombreux fonctionnaires japonais ont vu des opportunités de développer les territoires occupés avec l'aide des Juifs et des capitaux juifs. Certains diplomates chinois et japonais en Europe, comme Chiune Sugihara, ont pu délivrer des visas de transit pour les réfugiés juifs jusqu'à la fin de 1940. Entre 1938 et la fin de 1941, environ 20 000 réfugiés juifs d'Europe sont arrivés dans la ville occupée de Shanghai.

À partir de 1942, l'Allemagne augmente la pression sur le Japon pour qu'il lui remette les Juifs présents à Shanghai ou qu'il prenne une part active à l'Holocauste lui-même. Peu désireux de s'y plier, le Japon développe une politique plus répressive à l'égard des Juifs. En février 1943, par exemple, elle décide de loger tous les Juifs arrivés dans la ville après 1937 dans ce qui deviendra le ghetto de Shanghai. En outre, surtout après l'invasion allemande de l'Union soviétique, une plus grande place a été accordée aux campagnes antisémites et antisoviétiques menées par les anticommunistes et les fascistes russes en Mandchourie et à Shanghai. De nombreux Juifs de Mandchourie se sont sentis menacés par ce harcèlement et se sont également retrouvés à Shanghai, et donc dans le ghetto. Les conditions de vie des réfugiés juifs dans le ghetto étaient mauvaises. Durant l'hiver 1943, la nourriture était insuffisante. Le ghetto a été libéré par les troupes de Chiang Kai-shek le 3 septembre 1945. Après la création de l'État d'Israël en 1948, presque tous les résidents ont quitté le ghetto. Finalement, environ 2 000 personnes sont mortes dans le ghetto.

Ruissellement et séquelles

En 1944 et 1945, tous les camps ont été libérés par les troupes alliées. Les prisonniers ont été nourris et ont reçu des soins médicaux, mais la grande majorité d'entre eux n'ont pas encore pu être immédiatement renvoyés dans leurs anciens foyers en raison de toutes sortes de difficultés juridiques, logistiques et infrastructurelles. Des milliers de survivants sont restés dans des camps de déplacés jusqu'en 1947, jusqu'à ce qu'ils soient accueillis par un pays ou qu'ils puissent obtenir une nouvelle maison et une nouvelle nationalité de leur propre chef.

Emigration

De nombreux Juifs ne souhaitent plus retourner dans les sociétés dont ils ont été déracinés ou expulsés et cherchent refuge dans l'Aliyah Bet : ils quittent l'Europe pour se rendre en Palestine, territoire sous mandat britannique, dans l'espoir d'y établir un État-nation.

Cependant, cela a rapidement conduit à des conflits avec la population arabo-musulmane de Palestine. La résolution 181 des Nations unies prévoyait une solution à deux États et, lors de la guerre de 1948, l'État juif d'Israël nouvellement créé a réussi à s'emparer de plus que sa part de territoire. Si cela a permis de réaliser une terre pour les Juifs, cela a également créé le conflit israélo-arabe.

Procès

Les Alliés décident de juger conjointement les principaux dirigeants du régime nazi lors des procès de Nuremberg et de plusieurs autres procès (septembre 1945 à décembre 1949). *Le* procès de Nuremberg (20 novembre 1945 - 1er octobre 1946) met en accusation 24 dirigeants du NSDAP. Pour cela, les principes de Nuremberg ont été élaborés,

65

qui étaient nécessaires pour affirmer que le droit international primait sur le droit national, car une grande partie de ce que les nazis avaient fait était légal selon le droit allemand de l'époque.

Même si une chose est légale ou non punissable en vertu du droit national, on reconnaît l'existence de principes fondamentaux "supérieurs" auxquels il faut se conformer. Il a également été noté que l'argument selon lequel "je ne

faisais qu'exécuter des ordres" ("Befehl ist Befehl")
n'exonérait pas une personne de la responsabilité d'un
crime, même lorsque l'ordre émanait (à l'époque) d'une
autorité compétente et reconnue.

Propriété juive

Parmi ceux qui sont revenus des camps, beaucoup ont
trouvé leurs maisons occupées et leurs biens dépossédés.

Mais peu d'entre eux ont réussi à récupérer leurs biens, et
seulement après des années de procédure. Le
gouvernement allemand a effectué des paiements à l'État
d'Israël par le biais du *programme Wiedergutmachung*.

Impact sur le droit international

L'Holocauste a également eu des conséquences importantes en matière de droit international. Au sein du nouvel organe consultatif politique mondial, les Nations unies, un consensus s'est dégagé pour qu'un tel crime contre l'humanité ne reste plus jamais impuni.

Le 9 décembre 1948, la Convention sur le génocide est adoptée par l'ONU : tous les pays signataires s'engagent ainsi à intervenir militairement pour mettre fin à un génocide ou le prévenir.

La quatrième convention de Genève de 1949 a défini de manière plus détaillée les droits des civils et des soldats dans les conflits et le devoir des parties belligérantes de respecter certaines normes, que la communauté internationale fera appliquer.

Discussions d'après-guerre

Après la guerre, de nombreux aspects de l'Holocauste ont fait l'objet de nombreux débats universitaires et publics sur des questions telles que le pourquoi et le comment de cet événement et les conclusions à en tirer.

Connaissance contemporaine de l'Holocauste

L'une des grandes controverses porte sur la question de savoir quelle partie de la population allemande en particulier connaissait les camps de concentration et ce qui s'y passait déjà pendant la guerre, et dans quelle mesure.

Lorsque l'ampleur de l'Holocauste a été progressivement révélée après la guerre, certains Allemands auraient déclaré ne pas en avoir eu connaissance (*Wir haben es nicht gewußt*, "Nous ne savions pas"), alors qu'ils y avaient eux-mêmes participé directement ou indirectement.

Question de culpabilité

La question de savoir qui savait quoi sur l'Holocauste est étroitement liée à celle de savoir qui doit être exactement blâmé (et donc puni) pour cet événement. Selon la *thèse* *du Kollektivschuldthesis (*introduite par le psychanalyste suisse Carl Gustav Jung), le peuple allemand tout entier était à blâmer, qu'il ait été ou non au courant des tenants et aboutissants de la persécution systématique des Juifs et d'autres personnes, et encore moins qu'il y ait collaboré. D'autres pensent que seuls ceux qui étaient au courant et qui avaient consciemment collaboré étaient à blâmer. La question se pose également de savoir dans quelle mesure "Befehl ist befehl" peut exonérer quelqu'un de sa responsabilité. Dans plusieurs procès d'après-guerre, les Alliés ont finalement décidé de ne juger que le sommet absolu du régime nazi.

Lors du procès pénal d'Adolf Eichmann, l'un des principaux organisateurs de l'Holocauste, qui s'est tenu à Jérusalem, l'écrivain juif américain Hannah Arendt a été frappée par le fait qu'Eichmann n'apparaissait pas comme un monstre effroyable, mais comme une petite personne insignifiante, qui semblait néanmoins avoir été capable de concevoir les méthodes permettant de tuer plusieurs millions de Juifs.

La thèse d'Arendt sur la "banalité du mal" est que le mal est quelque chose de banal, quelque chose dont les gens se moquent souvent sans réfléchir à l'immoralité de leurs actes.

Traitement des réclamations

Après la guerre, les autorités ouest-allemandes ont mis en place des systèmes de compensation pour indemniser les victimes de l'Holocauste et leurs proches pour les pertes subies. Qui exactement était éligible, et de quelle manière, était sujet à débat. En République démocratique allemande, aucun régime n'a existé jusqu'en 1966.

Le politologue juif américain Norman Finkelstein, lui-même enfant de survivants de l'Holocauste, a écrit en 2000 le livre *The Holocaust Industry*, qui dénonce les pratiques visant à abuser de ces systèmes de compensation.

Selon lui, il existe de nombreuses personnes qui prétendent faussement être des victimes ou des survivants, ou qui exagèrent leur souffrance pour en tirer un avantage financier.

De plus, la culpabilité européenne pour l'Holocauste serait injustement exploitée pour faire taire toute critique d'Israël ou de la communauté juive américaine. Les musées de l'Holocauste tentent également de monopoliser la souffrance des Juifs et d'exclure les autres groupes de victimes.

Les biens juifs

Ce n'est que dans les années 1990 que la question des biens de guerre juifs a été mise à l'ordre du jour aux Pays-Bas et à l'étranger. Les biens spoliés aux Juifs pendant la Seconde Guerre mondiale, les comptes bancaires dormants et les polices d'assurance ont été examinés. Aux Pays-Bas, il a été conclu que le montant total concerné était de 346,7 millions d'euros, mais que les bénéficiaires individuels de ces fonds ou leurs proches ne pouvaient plus être retrouvés.

Ces "fonds maror", du nom du maror amer, ont été distribués à tous les Juifs néerlandais par le biais d'une clé de répartition vers l'an 2000 et utilisés en partie à des fins sociales juives.

L'art prédateur

Les œuvres d'art et autres objets de valeur que les Juifs vivant aux Pays-Bas ont dû remettre à la banque Liro sur ordre des nazis se sont retrouvés dans divers musées après la guerre, et dans un cas, même à la maison royale. Jusqu'en 2015, seule une poignée de ces œuvres ont été restituées à leurs héritiers légaux. Parfois, la municipalité avait acheté des travaux à un membre de l'ONN. Ce n'est que 70 ans après la guerre que l'on s'est rendu compte que les municipalités et les musées eux-mêmes auraient dû enquêter activement sur la provenance des œuvres acquises à cette époque.

Un autre problème persistant au XXIe siècle est celui des quelque 1 200 tableaux appartenant au marchand d'art juif Jacques Goudstikker, qu'il a été contraint de vendre à Hermann Göring sous la contrainte. Ce n'est qu'en 2006 que le gouvernement néerlandais a décidé, pour des "raisons morales", de restituer 202 œuvres à l'héritière de Goudstikker, qui est décédée en fuyant les Pays-Bas en 1940.

En 2015, cependant, la dernière héritière de Goudstikker est toujours en procès pour récupérer les œuvres, qui ont fini dans toutes sortes de musées à l'intérieur et à l'extérieur des Pays-Bas.

Négation de l'Holocauste

Certains groupes nient que l'Holocauste ait eu lieu. Ces négateurs de l'Holocauste sont également appelés négationnistes.

Certains négationnistes affirment que le nombre de victimes juives traditionnellement cité est incorrect.

Ils affirment que bien moins de six millions de Juifs ont été tués et que la plupart des pertes sont dues à la famine et à l'apparition de maladies telles que la typhoïde et le choléra.

Il est également affirmé que les chambres à gaz (tant mobiles que fixes) n'étaient utilisées qu'à des fins de désinfection.

La négation, la banalisation ou l'apologie de l'Holocauste sont interdites et punissables en Allemagne, en Belgique, en France, en Australie, au Canada, en Suisse, en Pologne, en Hongrie et en Israël, entre autres.

L'Iran, quant à lui, a organisé une conférence sur la négation de l'Holocauste les 11 et 12 décembre 2006.

Le président de l'époque, Mahmoud Ahmadinejad, avait fait plusieurs commentaires sur l'Holocauste qui ont été condamnés dans d'autres pays. Des intellectuels juifs ont également participé à la conférence.

75

Historikerstreit

En 1986, les historiens allemands ont débattu avec
acharnement de la manière de replacer l'Holocauste dans
un contexte historique plus large. Ernst Nolte estime que
l'archipel du Goulag et les meurtres de masse commis par
l'Union soviétique sont aussi graves que l'Holocauste et
que le peuple allemand n'a pas vraiment besoin de se
sentir particulièrement coupable de ce qui s'est passé.

Jürgen Habermas n'était pas du tout d'accord et a
reproché à Nolte de tenter de banaliser l'horreur de
l'Holocauste.

Archives

Les Allemands eux-mêmes ont conservé les archives des
victimes de l'Holocauste. Les archives allemandes sont
particulièrement détaillées car les nazis ont conservé des
enregistrements précis de toutes les informations. De
nombreuses archives et autres preuves ont été détruites
par l'opération Sonderaktion 1005.

C'est notamment sur cette base que repose l'enquête
néerlandaise *In Memoriam,* qui recense les noms de 100

000 Juifs assassinés. En outre, les noms des victimes juives sont inclus dans le monument juif.

C'est dans la ville allemande de Bad Arolsen, dans le Land de Hesse, que se trouvent les énormes archives (environ 47 millions de documents, soit six maisons pleines de papier). Ces archives contiennent des informations sur 17,5 millions de personnes et remplissent plus de 27 kilomètres d'étagères. Il s'agit de listes, d'inventaires, de descriptions de personnes, de rapports d'expériences médicales, de règlements, etc.

En particulier, toute la bureaucratie de la terreur que les nazis ordonnés ont conservée pour leur machine de travail forcé, de déportation et d'extermination. On y trouve les archives complètes des camps de concentration de Buchenwald et de Dachau. L'ampleur stupéfiante de la guerre et de la machine à tuer allemande, pilotée par le service civil, y apparaît clairement.

Le "Service international de recherche", une branche de la Croix-Rouge, gère les archives. Ce service a été mis en place après la guerre pour retrouver les personnes disparues. Il était principalement utilisé par les survivants qui avaient besoin de preuves pour obtenir des prestations. Les archives ont en outre été maintenues fermées pour des raisons de protection de la vie privée, notamment pour les chercheurs, car les documents contenaient des informations sensibles sur les individus, telles que les convictions politiques d'une personne, les collaborateurs juifs et la manière dont elle a été incitée à le faire, qui avait des poux, quelles expériences médicales étaient menées, la nature du handicap mental, qui était accusé d'homosexualité, d'inceste ou de pédophilie.

Il y avait aussi la crainte allemande d'une action en justice si ces informations étaient divulguées. La possibilité d'une action en justice a depuis lors expiré.

Les historiens ne s'attendent pas à recevoir des nouvelles fondamentales qui modifieront l'histoire de l'Holocauste lorsqu'ils consultent les archives. Les chercheurs espèrent toutefois trouver plus de détails pour reconstituer l'histoire de cette horreur.

Le 24 avril 2007, le Parlement belge a ratifié le protocole donnant aux scientifiques et aux chercheurs l'accès aux archives de la déportation de la Seconde Guerre mondiale à Bad Arolsen, en Allemagne. L'ouverture des archives a été décidée après des négociations entre les États membres de la Commission internationale du Service d'enquêtes internationales. La Belgique, ainsi que les Pays-Bas, le Luxembourg, l'Allemagne, la France, la Grande-Bretagne, l'Italie, Israël, les États-Unis d'Amérique, la Grèce et la Pologne font partie de cette Commission internationale.

Les archives ont été ouvertes aux chercheurs et au grand public à la fin du mois de novembre 2007.

Le 7 octobre 2013, le Fritz Bauer Institut de Francfort a mis à disposition sous forme numérique les déclarations des témoins du premier procès d'Auschwitz tenu à Francfort (1963-1965).

www.ingramcontent.com/pod-product-compliance
Lightning Source LLC
Chambersburg PA
CBHW061253140726
47998CB00006B/2215